T0414416

Clima de otoño

Julie Murray

Abdo Kids Junior es una
subdivisión de Abdo Kids
abdobooks.com

LAS ESTACIONES:
¡LLEGA EL OTOÑO!

abdobooks.com

Published by Abdo Kids, a division of ABDO, P.O. Box 398166, Minneapolis, Minnesota 55439. Copyright © 2024 by Abdo Consulting Group, Inc. International copyrights reserved in all countries. No part of this book may be reproduced in any form without written permission from the publisher. Abdo Kids Junior™ is a trademark and logo of Abdo Kids.

Printed in the United States of America, North Mankato, Minnesota.

052023

092023

Spanish Translator: Maria Puchol

Photo Credits: iStock, Media Bakery, Shutterstock

Production Contributors: Teddy Borth, Jennie Forsberg, Grace Hansen

Design Contributors: Candice Keimig, Pakou Moua, Dorothy Toth

Library of Congress Control Number: 2022950861

Publisher's Cataloging-in-Publication Data

Names: Murray, Julie, author.

Title: Clima de otoño/ by Julie Murray

Other title: Fall weather. Spanish

Description: Minneapolis, Minnesota: Abdo Kids, 2024. | Series: Las estaciones: ¡Llega el otoño! | Includes online resources and index

Identifiers: ISBN 9781098267568 (lib.bdg.) | ISBN 9781098268121 (ebook)

Subjects: LCSH: Autumn--Juvenile literature. | Weather--Juvenile literature. | Temperature--Seasonal variations--Juvenile literature. | Seasons--Juvenile literature. | Spanish Language Materials--Juvenile literature.

Classification: DDC 525.5--dc23

Contenido

Clima de otoño 4

Más sobre el
clima de otoño 22

Glosario 23

Índice 24

Código Abdo Kids . . .24

Clima de otoño

¡El otoño ya está aquí!

El clima está cambiando.

Puede estar soleado y caliente.

Eddie lleva lentes de sol.

Puede estar nublado y frío.

Jae lleva un abrigo.

Puede estar lluvioso.

Lila lleva un paraguas.

Puede estar **neblinoso**.

¡No se puede ver nada!

Puede estar ventoso.

Zane se sujeta el sombrero.

Puede hacer frío.

Mauro puede ver su aliento.

Puede haber **escarcha**.

La ventana está cubierta.

¡Hasta puede nevar!

Anna juega fuera.

Más sobre el clima de otoño

aguanieve

granizo

huracanes

tormentas de truenos

Glosario

escarcha
capa ligera y blanca de vapor de agua congelada, causada por temperaturas muy bajas y por ello convertida en cristales de hielo.

neblinoso
cubierto de niebla. La niebla son gotas de agua diminutas que flotan en el aire cerca del suelo. Parecen nubes.

Índice

caliente 6

congelado 18

fresco 8, 16, 18, 20

lluvioso 10

neblinoso 12

nevado 20

nuboso 8

soleado 6

ventoso 14

¡Visita nuestra página **abdokids.com** y usa este código para tener acceso a juegos, manualidades, videos y mucho más!

Los recursos de internet están en inglés.

Usa este código Abdo Kids

SFK2194

¡o escanea este código QR!